ALEPH DÁATH

DOLOR
En Versos Libres

EAA Ediciones

Dáath, Aleph. DOLOR EN VERSOS LIBRES. Primera Edición. Estado: Aragua, Venezuela. EAA Ediciones. Año: 2018.

124 pp. 15,24 cm x 22,86 cm.

Edición y Publicación: Editorial Alfonso Arena, F. P.
Sello Editorial: EAA Ediciones
Editor: Dr. Alfonso J. Arena V.
Revisión y Aprobación Editorial: Dra. Arcadia L. Vargas H.
Diseño y Diagramación: Giuseppe M. Bastián.

Email: editorial@eaa.com.ve
http://www.eaa.com.ve/

HECHO EL DEPÓSITO DE LEY
ISBN: 978-980-7844-17-8
Depósito Legal: AR2018000055

DEDICATORIA

La presente obra ha sido dedicada a:

Intelectuales, valientes y hombres libres;

Bienaventurados:

Estudiantes, quienes, en los días más oscuros,

Resistieron la crueldad y represión

Tiránica e inhumana.

A todos los hombres y mujeres que lucharon,

Decididos a cambiar el destino de Venezuela.

ADVERTENCIA

Las ideas expresadas en la presente obra, son provenientes de la inspiración personal del autor. Cualquier parecido con la realidad, es tan solo la costumbre de haber crecido en libertad...

PRÓLOGO

Quiero referirme a la presente obra, no como un poemario cualquiera, sino como una expresión de libertad que el autor valientemente, ha decidido contar desde su propia visión personal. "Dolor en Versos Libres", se trata de una obra literaria que nos brinda la oportunidad de reflexionar sobre la vida, la libertad, y nos permite comprender el dolor y la desesperación que se ha hecho más que evidente en esta cruel etapa de la historia.

Este poemario impregnado de sentimientos, emociones, y porque no decirlo, también realidades. Caracteriza el sentir de cada uno de los ciudadanos venezolanos que, por razones humanitarias, se han visto en la penosa necesidad de abandonar su patria, durante el mayor éxodo registrado en la historia de este hermoso país llamado Venezuela.

Además, el poemario ha sido redactado con un sentido clásico, pero a la vez moderno, y con un lenguaje completamente intelectual, escrito en versos libres, caracterizándose la mayor parte de la obra, por la carencia de rima en casi la totalidad de los versos, alineaciones de textos características, y el uso de letras mayúsculas o cursivas, para resaltar ciertas ideas, en conjunto con las metáforas, anáforas y otros recursos literarios utilizados por el autor.

En su obra: Aleph Dáath emplea una gran cantidad de metáforas, para expresarse de manera intelectual, pero a la vez, algo moderna. Las ideas que subyacen de la realidad, son incorporadas en la obra. Los recursos de reiteración tales como las anáforas, son muy comunes en muchos de sus poemas, y los mismos denotan una intencionalidad de atraer la atención del lector, para que este, pueda identificarse emocionalmente con las ideas planteadas.

El lenguaje literario expresado en su obra, oscila entre lo clásico y lo moderno, sin caer en lo grotesco, de un lenguaje poético fuerte. Se presenta con mucha sobriedad, para trasmitir el sentimiento desde la seriedad, intelectualidad y sabiduría.

A pesar del contenido, que se enfoca en el dolor personal e impersonal ocasionado por la opresión de un régimen político, su actitud y visión, junto a su lenguaje poético, se mantiene centrado en la sobriedad. Sin caer en el pesimismo, pero caracteriza el dolor con un sentimiento muy intenso.

En particular, "Dolor en Versos Libres": es el desafío a una realidad, que hoy por hoy, a contado con la valentía del autor: Aleph Dáath, quien, a pesar de vivir en un país, sumergido en la autocracia, y bajo las represiones tiránicas, no ha desmayado, tomando la difícil decisión de expresar sus ideas de manera escrita y sin miedos, dentro y fuera del territorio nacional. Aun cuando ante esta realidad, son escasos los autores que suelen atreverse a ello, dentro de esta tierra minada de grandes amenazas.

Por el gesto de valentía, intelectualidad y nobleza, no puedo más que recomendar esta importante obra, para el disfrute de todos.

Dra. A. L. Vargas H.

"Ver el infierno que se oculta a la sombra de la realidad, nos enseña que existe el mal; entender que el mal existe para ser superado, nos hace infinitamente felices".

Aleph Dáath

SOL ROJO

Rojo eres en tus falsos días, tristes e incesantes.
¡Promesas sin fe!
Llegaste sin bienvenida y los momentos oscuros,
simplemente se anidan, en una silla que tan solo tú
eres indigno de ocupar.

SENTADO EN LA SILLA DE LA MISERIA.

Tienes rostro feliz, pero en soledad vives
tus infelicidades. ¡Y luces!
aquel vestido de derrotas glorificadas
irradiando reflejos de Ira, y temores
en un insolente día,
que nos ha robado el brillo.

SOL ROJO ¡No eres sol!

Ni Astro alguno en mi universo...

Eres la sombra menguante de una luna.

Aquella que poco a poco

¡DESAPARECE!

Entre las nubes de mi humilde cielo gris.

LEJANIA

Lejanos lugares,
sueños de equipaje vacío,
que no trascienden en la mirada;
tiempo sin horas
realidad que nunca:
¡se imaginó!

En el espacio, lucen tristes
por ser tan solo:
piel y músculos,
huesos y recuerdos;
patria sin ley, la niebla sin humedad.

SERES ALETARGADOS EN EL AYER.

¡Sin presente!

Una maleta con sueños condenados...

DESTINO:
Un adiós sin gloria.

LUNA NEGRA

Noche infinita
perdida en el sueño,
de quienes contemplarte no pueden.

INSTANTES...

Me acercan a ti,
horas oscuras llegan, ¡pero!
Miradas despiertan esperanza.
No me dejo vencer: ¡NO!
¡Fuerte intento continuar!
Al final del túnel

Descubriré:

Que solo tú

LUNA NEGRA

Eres karma y también cielo.

EL TIEMPO

No supe cómo explicarlo,
y hoy, me pregunto:
¿Por qué llegamos a este lugar?
Oscuro y lejano...
¿Por qué en silencio sufre?

—Aquel HOMBRE que hoy presume sus glorias—.

Y sobre todo.
¿Por qué? Hoy siento, aún sin creer en lo posible.
Mis glorias ensangrentadas,
yacen a los pies del presente
y al pasado suplican:

¡REVIVID!

¿Por qué? Descubro, en cada una de mis palabras,
el sentido de la vida.

—Sin ser capaz de luchar por él—.

¿Por qué? Soy extranjero de mis IDEAS,
y tan solo un reo del silencio.
¿Por qué? Pienso sin sentir, siento sin pensar,
y tal vez, debería...

Olvidar que fui, tan solo para SER.

POESÍA O REALIDAD

Mil palabras más allá de la rima...

¡VIVOS VERSOS!

Palabras sabias, y un Universo Infinito
que hoy, simplemente
se oculta;
en la sublime IDEA,
que brilla a la luz de los sueños.

En las vidas y corazones.
En la puerta que une al MUNDO
con el YO,
y el SER,
con el que SOY.

Ese cuento mágico de luces ocultas.
Esas luces, de sombras inminentes.

¡ESE INSTANTE PERFECTO!

—Para un SER con errores—.

¡VERSOS VIVOS!

Para los muertos, y MUERTOS que hoy reviven,
en cada palabra.

PENSARES IRREVERENTES

Rebelde en tu sentir
acaricias tus glorias
en cada una de tus calles.

Tus penas, se ahogan en una lágrima,
en el denso humo,
y la ardiente atmosfera...

¡Impotencia y Verdad!

MARCARON LA ACCIÓN.

Tristezas cubren, y desgarran
tus días, pero eres irreverente semilla
de libertad; tiempo perfecto,
dulce y fuerte, como agua del Rio
enfrentando al Mar.

Un Reo con Alma LIBRE,
pero prisionero de su memoria;
aquel que, en el llanto aprendió a ser fuerte,
y en sus calles, aprendió a no rendirse
JAMÁS...

LIBRE

Tan libre y ligero como el viento.

¡ASÍ FUÍ!

LIBRE para Ser.
LIBRE en cuerpo, y tal vez en el ALMA.
LIBRE en, y desde la Memoria.

¡En esencia, y vivir!
Como el ave
que vuela surcando el cielo,
y las nubes;
como,
las hojas del álamo, que se desprenden a la sutil,
caricia del viento, para surcar
los cielos, al vuelo instantáneo.

Soy Libre, en y desde mi propia libertad,
en alma, y en sueños trascendentes...

¡AÚN!

Más allá de mis Versos.

HISTORIA

Un reflejo inmemorable de la humanidad.
¡Un recuerdo muerto! Colgado en los negros días,
de tiempo y futuro cegado
que simplemente,
se oculta por las noches, en los sueños.
Esos imperfectos momentos de un ayer
¡insípido!

Tal vez, sin colores.
Una vida conservada en blanco y negro,
pero vida, más allá de esta muerte que acecha.
El instante que pasó, y marcó para siempre:

¡EL MOMENTO!

En las invisibles, pero nunca inciertas
sombras del futuro.

Ella está en el secreto del alma,
en la seguridad de los días y,
reflejo de la verdad que trasciende,
en tiempo y espacio:
Años, Siglos y Milenios,
para recordarnos que;
siempre escribirá la novela de vuestras vidas.

TÚ

TÚ, miserable sabio de letras falsas.
TÚ, indigno de lo que creíste conocer.
TÚ, letrado sin escuela, juez e inquisidor,
sin argumentos, ni razones.

TÚ, el que corre tras poderes que no le pertenecen,
has visto el crimen del inocente,
para absolver a tu mejor amigo: ¡El culpable!

TÚ, que olvidaste la razón de Ser y Existir.
TÚ, ejemplo de moral, sin legados.
TÚ, ejemplo de No Ser, lo que eres.

Hoy se quemaron tus versos,
los cambiaste, por sentencias de lacayos,
cosechaste, poderes sin glorias vigentes.

¡NADA DEJASTE!

Solo el deseo de quien
en silencio
quiso verte cambiar;
sin esperanzas.

UN PAÍS DE CUENTO

Érase una vez, en un lugar lejano,
tan distante del presente;
como el tiempo que no deseamos recordar.

—Un destino inclemente—. ¡Perverso!

Que nos robó, la felicidad de los días,
la sobriedad de la razón, y el color de los sueños
que se perdieron entre la nada;
miedos y miserias, tristezas alojadas en la memoria
dolores, y crueles torturas,
trampas que roban ilusiones, y luego se pierden
entre las risas, de aquel payaso sin gracia;
Ser, ¡SIN ENCANTO!

Gritos combativos, ahogados entre la sangre;
cobardes que ocultan, sus miradas de miedo,
en sonrisas fingidas.
Vecinos se quejan, y nadie desea, seguir a tu lado:

¡VETE!, ¡VETE!, ¡VETE!

Sin ti, la vida es vida, y la muerte algo natural.

UN PAÍS, de tierras maravillosas, hoy en penumbras,
pero un nuevo amanecer:

¡ANUNCIA!

Libertad.

TORRES DE PAPEL

Altas, altísimas torres de papel,
tan altas como el cielo,
en infinito y más allá.

Blandas torres de mentiras
se levantan, por toda la ciudad, ¡desafiando!
El misterio, el secreto
oculto en aquel relato, de sombras y pocas luces
el cuento incompleto que hoy,
aclama el despertar de todo,
y de todos, en uno solo, en una sola voz.

La palabra, que crece como rascacielos,

¡Miserables Edificios!

Que cada vez, valen tan poco, y la gente
ya se atreve a decir:
tan solo quiero; una modesta casita,
pero, mía de verdad.

HIJOS DE LA TIERRA

Tierra sagrada, en valles y montañas
en sueños y esperanzas rotas.
Tierra que clama por arraigo, el amor de sus hijos:

¡Oh Tierra! Sin gloria.
¡Oh Tierra! Desgastada.
¡Oh Tierra! Maltratada y triste.

En tus días últimos, solo viste correr
a tus hijos, tras recuerdos perdidos
en la nada y la oscuridad, en la incertidumbre.
En el desgarrador frio de las almas destruidas,
tras el paso inminente
de la fuerza sin razón.

¡Oh Tierra!

Mia y de otros
de los que te quieren, y también
de aquel que nunca, te sintió, aunque te quiso,
pero también, de quienes te quisimos
sin aceptar las crueles marcas de tu presente doloroso.
¡Tan solo llename de fuerzas!
Para liberarte de las sombras, que hoy, te alejaron del sol.

HAMBRE Y DESEO

Triste vacío adueñado de vidas;
hoy los he visto hurgar en desperdicios.
Almas abatidas y prisioneras
perdiendo el pudor
destruyendo su SER.

¿Hambre o Deseo?

Miserias...

Realmente, no lo sé...

Tal vez, solo un karma;
o simplemente, es la negación
de lo posible,
aquello que les hizo creer en lo increíblemente real.

¡No sintáis pena!
Por carecer de algo que nunca dejará huellas...
Solo vive,
vive y vive desde lo difícil...

Descúbrete y descubre que tan sabio es el vacío
que sacia algo más que el hambre y los placeres,
para poder llenar
el espacio invisible del tiempo.

PIEL SIN TORMENTOS

Sutil es el encanto, que tu alma acaricia;
en esa vida marcada;
ilusiones rotas
tenue luz que brilla sobre tu piel.

¡SIN MARCAS!

¡SIN EL SUFRIR DE CRISTO!

Pero con tu Cristo, terriblemente marcado
en tu alma desnuda y prisionera.
Alma, alma que luce el maltrato
ocultado entre las sombras
de tu cuerpo.

Huellas, marcadas por cada palabra,
palabras hirientes como dagas
emociones aniquiladas, y ocultas
en esa piel que hoy
se disfraza de felicidad.

INOCENCIA

Maravillosa
esplendida en el pasado
en los años que se perdieron,
en el tiempo.

Tiempo que se perdió
como segundos del ayer,
hoy muertos en el olvido.

Emociones prisioneras,
de un instante perdido en la memoria,
sin fecha
o lugar en el presente.

Hoy solo existen
realidades precoces,
juguetes cambiados por la preocupación,
odios prematuros
y penas anticipadas,
en el oscuro recinto
de una nueva realidad.

PLAZA VIEJA

¡Oh Tú!

Mujer de concreto
con verde piel y sentidos
reflejados en la alegría
de los niños que juegan en tu corazón,
de bicicletas recorriendo tus venas...
¡Y tertulias sabias!
De aquellos humildes dueños de los años...

Hoy te extraño en sensaciones
y en la realidad del presente,
que te muestra perdida
en ROJOS encuentros,
y MISERABLES REBATIÑAS...

¡Vigorizadas con intereses hambrientos!

Y rebajas de odio,
que se expresan
en el falso amor que cada día atormenta,
tu extinta calma.

NOSTALGIA

Delgadas líneas,
se interponen a la luz del presente
y vienen a revivir.

¡UN AYER SIN SENTIDO!

Que despierta el aroma de momentos irrepetibles,
de un pasado muerto
que hoy
resucitó a las sombras del tiempo;
entre recuerdos y anhelos.

¡Hoy me pierdo!

Sin encontrar
el sentido de lo que ahora
tan solo es...

Para despertar y reencontrarme
con lo que he decidido ser...

HIJOS DEL AYER

¡Tristes hijos!
Tristes herederos del presente,
seres que olvidaron despertar.

¡Mujeres Niñas!
¡Niños Hombres!

Perdidos en el ayer
en el tiempo desgastado,
que hoy yace a los pies del olvido
y se abraza a las oscuras sombras
de un caducado momento.

Hijos desterrados de su país,
de la patria que imagina un futuro imposible...

¡Oh que triste!

Ese sentir de instantes grabados en la memoria,
de sabores perdidos
que hoy sobreviven para resistir
a las pocas luces de la realidad
inmensamente cambiante.

ALMA RESISTENTE

Días que pasan adornados de penas,
hoy disfrazadas de engaños;
mientras Tú, tan solo Tú.

¡Sientes y Sabes!

Sigues, y sigues tu instinto,
ese sentido humanamente imperfecto,
perfectamente animal.

Que te guía...
A la sombra de una intuición desvanecida,
que a pesar de las luchas gastadas,
revive entre las glorias persistentes
para decirte:
que eres fuerte como la roca
y perseverante como el agua que la desgasta
a través del tiempo.

Alma de ORO, desde lo invisible, eres resistente,
pero increíblemente visible,
para siempre.

SALVAJE DESENGAÑO

Imponente, brioso y rebelde,
instinto desbordado sin razones...
Brutal desenfreno,
que cada día
te regala y te quita
oportunidades.

Sueños rotos e incesantes,
pensamientos tortuosos y desengaños;
que corren desbocados
como un jinete cabalgando de prisa hacia la nada;
hacia un pasado escondido en el presente,
ese presente, que no tiene la intención
de llegar al futuro.

¡Tiempo marcado por el Ayer!
¡Salvaje Desengaño!

Realidades marchitas que hoy se perdieron
en ideales muertos
que solo esperan,
el instante para revivir.

DESICIONES

Indeterminables e imperativas,
marcaron y marcarán
el futuro...

ACCIÓN en el instante
que se anida en la RAZÓN.

Espacio sin tiempo
que obliga
a seguir,
sin pensar,
y continuar, sin detenerse entre las sombras
de los instantes inertes de la vida.

CORAZON EN EXILIO

Te fuiste para siempre, con intención de volver
mañana o pasado.

¡Dejaste un Destino!

A la gracia de la realidad,
del instante
perdido en el Aquí y Ahora,
para escapar de tu karma
sin encontrar el final.

Hoy, el lugar de tus sueños,
alberga la sombra
de la destrucción.

¡Sueños Impulsivos!

Forzaron tu retirada a un exilio
imperfecto,
forjado entre el dolor y la nostalgia,
para exponer tu corazón huido,
como fugitivo. Hoy tan solo sueñas
con regresar.

TALENTO EN SUELO AJENO

Nunca lo pensamos,
pero hoy, es cotidiano;
unos cantando, otros escribiendo
o simplemente:
enseñando a ser,
lo que muchos ven en lo imposible...

Una cara de sueños expatriados;
sueños sin suelo,
pero tan altos,
como las nubes de aquel cielo inalcanzable.

Sueños que corren, entre las desconocidas calles,
sueños enmascarados en humanidades comunes
y cotidianas...

Sueños desterrados y perseguidos,
brillando tal vez, en el cielo equivocado...

Estrellas escondidas, entre las sombras de un futuro,
que tarde o temprano, brillará para siempre
en esta, y en todas sus casas.

PATRIA DE PLÁSTICO

—¿DE DONDE SOY? —Te preguntas.

Sin que tu corazón
pueda responder.

Letras muertas, distorsionadas
hoy te marcan,
como en el pasado, marcaron a disidentes,
perdidos en los campos de la muerte...

¡Con huellas numeradas en la piel!

Te han etiquetado en tarjetas
como en un sueño o decepción futurista;
te han segregado, dentro de tu propio sueño,
te han expatriado en tu patria
y repatriado
en la miseria de papel frágil
y moribundo.

En el fracaso que se impone como tu falsa gloria,
solo para recordarte:

SU FINAL.

NEGACIÓN

¡NO!

Es lo que dices
cuando la verdad rompe en tu cara;
¡en tu cara dura!
Para mostrarte que eres
incapaz de ver:

LA VERDAD.

¡NO!

Es el ¡NO!, de tu farsa
de tus ideales muertos
enterrados hoy,
en fracasos activos,
en el odio que inspiras
desde tu lástima...

¡Lástima que das siempre!
Ante quienes saben que la gloria simplemente se gana
por voluntad y reconocimiento.

¡SIN IMPOSICIONES!

Lástima, lástima que das,
desde cada uno de tus éxitos fracasados.

TODO Y NADA

ZEUS, Padre de Dioses.

¡Lo Inspiró!

TODO: es lo que existe;
EN LA NADA del universo infinito...
EN LA NADA del pensamiento...
EN LA NADA del vacío...
¡Que nos conduce al TODO!
Pero en ti, hoy la verdad del TODO, es la NADA,
existente en lo que hubo
y dejó de haber...

Lo que fue, y pronto regresará
como el PÉNDULO que oscila

¡DERECHA—IZQUIERDA!

¡IZQUIERDA—DERECHA!

Justicia y Miseria.
¡MISERABLES! Para ser juzgados...

Miserables que hoy en su TODO; ¡TOTALITARIO!
construyen su camino a la NADA INMINENTE,
del fracaso sembrado en su propia ALMA.

DIÁLOGO DE TU LUCHA

LUCHAS ajenas, extrañas
para mi SER
enemigos que no son míos.

Hoy te empeñas en hacerme odiar...
¡Cuando sabes que no puedo hacerlo!

¿POR QUÉ?

—Me pides imposibles—.

Si tan solo tú, eres el culpable de tu Karma.

¿POR QUÉ?

Me culpas de tus penas
de tus sueños destruidos
por tu falta de voluntad.

¿POR QUÉ?

Te encaprichas en convencer, sin ser capaz
de mostrar que tu lucha
tuvo sentido...

No descubras tus desgracias en otros;
tan solo descubre que tú...
Eres la desgracia de: ¡TODO!

LIBERTAD PRISIONERA

Entre barrotes
y paredes frías que calientan IDEALES
se forja la LIBERTAD
prisionera.

¡ATORMENTADA ENTRE TORTURAS!

Entre sentimientos VERDADEROS
oprimidos por intereses mezquinos
de verdugos hambrientos
con seudo-almas vendidas
a precio de oferta
y rebatiñas de pueblerinos mercados.

IDEALES prisioneros fortaleciéndose
a la espera por retomar
el cause
que ha de venir con el destino.

¡IDEALES INMENSAMENTE LIBRES!

Más allá,
de las penurias
y las barreras que no pueden DETENERLOS.

CAMINO A LOS OSCUROS CAMPOS

Sometidos como esclavos
caminando a la sombra de una sanguinaria
Guerra Histórica.
¡Oscuro pasado, albergado en la MEMORIA!
No lo olvido...
Marcados con números sobre su piel
como BESTIAS
enviadas a campos de muerte y hambre.

¡HISTORIA INOLVIDABLE!

Que intenta conseguir un nuevo lugar
en el presente.

¡SEGUIMOS CAMINANDO!

Sin darnos cuenta, y seguimos...

¡Para evitarlo!

Creer:
¡NO BASTA!

Saberlo:
ESTA DE MÁS...

Cambiar el destino;
es cambiar la mente, para siempre...

BESTIAS DE ALMA CEGADA

Viviendo del instinto,
de su pasión animal
atrapados en la ignorancia
con su alma
cegada por la oscuridad
por el deseo insaciable de comer, de saciar
placeres sin conciencia
sin razones...

¡INFIERNO!

Es su mundo...
solo viven para sentir en la piel,
deseos animalescos
privados de intelecto.
Seres sin fe, almas cegadas,
por la destrucción de su Ser,
cuerpos de humanos encarcelados
en su naturaleza cruel

¡SIN SENTIMIENTOS!

Sin intentos de lucha,
sin almas combativas para alcanzar sus glorias,
seres con alma ciega
y sin sueños.

VAGABUNDO

Caminas sin destino, ni sueños
solo mostrando una vida
desvanecida en tus delicadas huellas
sin ideas trascendentes.

Sin ejemplo de SER...
Sin laborioso espíritu...
Sin glorias...

Cargado de sueños inútiles
y sin ideales de progreso.

¡Vagabundo! ¡Vagabundo!

Todos te gritan...
Todos te dicen...

Vagabundo eres...

Y tú,
tan solo caminas, y caminas hacia un destino,
sin rumbo escrito,
a la gracia de tu suerte
que día a día,
es consumida por la realidad
de una mirada ajena...

DESTIERRO

Huido de una humilde casa
esa que algún día, fue tu patria,
tu sentir y razón de vivir...

¡Forzado! ¡Huido!
Te pierdes cada uno de los días
que fallecieron en un pasado
que hoy, es algo más que ilusión:
¡Para Todos!

¡Desterrado Tú!

Esclavos y prisioneros
los que quedan
a la sombra de esas huellas, sin lucha...

¡Destierro!
Tan solo una pérdida, en el presente,
intentando rescatar el futuro
oscurecido y oculto,
en esa realidad temporal
que te arrebató:
el derecho de ser libre,
también hoy...

PURA SANGRE

Entre tus venas, casta de valiente
luchador, de Alma Incansable,
SER de ORO.
Sabes que todo parece imposible,
cuando está cerca...

¡DE SER!

No te rendirás...
Tu lucha, ¡eres tú!

PARA TODOS...

Sueños, esperanzas y gritos
combativos,
hoy son bandera,
y causa de tus glorias,
sembradas en el fértil campo de la verdad.

¡PURA SAMGRE!

Corazón valiente con causas,
que justifican sueños de vida
y esperanzas de lucha.

CRUEL AMOR

Amor fingido
en la falsedad del discurso,
corrompido por el hacer...

Amor cobarde
de quien ama, destruyendo el amor...

Amor cruel
de quien tortura en su nombre,
miserable amor, de quien
nunca comprendió, lo que era amar.

Amor destructivo,
dañino y perverso.

¡Amor cegador de sueños!

Amor perdido entre las penas
de tus amantes mendigos,
maltratados por tu indignante
amor, de ilusiones
asesinadas,
por el odio que brota, de tu alma roja
en forma de sangre...

INDISPENSABLE DESPRECIABLE

Como afirmando y negando,
luchaste por ser
la utopía.

El indispensable que hoy
es odiado de forma incesante,
mucho más allá de esta vida.

Indispensable a la fuerza,
nunca necesario;
siempre rechazado e indeseable.

En el corazón
del inocente
¡DESTERRADO!

Desde la miseria
y la vergüenza,
se te ACLAMA.

Desde la virtud
has fracasado y fallecido,
en todos los rincones de la memoria.

INEXCUSABLE

Tiempo agotado y desgastado
ante la vigencia de los sueños
conducidos a fracasos inminentes
y errores.

¡Inexcusable! Instante que llegó,
en años, meses, semanas y días...
Para recordarte que: ¡todo acabó!
Horas, minutos y segundos...
que llegan y advierten que: ¡todo culmina!
¡Mal para ti!
y bien, para todos...

¡Inexcusable! La presencia de tu despreciable Ser
en el tiempo que se agotó, para ti, en el lugar
que ocupas sin los méritos.

¡Inexcusable! tu vida,
en la tierra
de la que nunca fuiste hijo.

CIRCO SIN PAN

Máscaras de hierro,
ocultando rostros de cristal,
gestos de alegría
que hoy cubren,
las grietas del odio,
supurado entre las muecas del payaso;
de aquel circo, que ya no tiene un número nuevo.

¡CIRCO!

Que su número perdió
como el cruel espectáculo romano,
donde la muerte era diversión
y el PAN,
un soborno a un pueblo,
ignorante y bárbaro.

Hoy, el circo sumergido en su miseria,
NO tiene PAN, ¡solo PAYASOS y BESTIAS!

En ausencia del publico...

Una triste obra, sin espectador...

A GOLPES VIRTUALES

Como borracho en cantinas
fanfarroneando,
así eres...

¿Poeta?

¡Increíble! ¡Inaceptable! ¡Inimaginable!

Retando a golpes a la gente,
como un ebrio perdido entre las sombras
de sus difuntos tragos...
Desde el internet,
comunicas tu ODIO,
ODIO sin razones
y sin excusas;
ante tus propias LETRAS,
LETRAS de poeta falso,
impregnadas de errores,
que insultan la ortografía,
desde la más profunda aberración de la palabra.

¿Poeta?
Sueña...

¿Moralista?
Ocúltate...
¿Abogado de DIOS o del DIABLO?
Primero:
Consume las pasiones en tu conciencia fallecida.

MENDRUGO

Como aquellos harapos,
viejos y desgastados
que nadie añora.
Como desperdicios,
ahogados en la inmundicia.
ASÍ yace el MENDRUGO,
sin esperanzas...

A sus alrededores,
seres hambrientos,
sin honor o pudor alguno.
Alejados del ímpetu,
que les hace buscar algo mejor...

¡Pero allí!
Ese...

¡MENDRUGO, se encuentra ASÍ!
¡Desnudo!
Y sin valor alguno.
La decencia tal vez,
está por decidirse
a esperar:

Algo más que un MENDRUGO,
para empezar a vivir,
como seres humanos.

PIRATAS DE ASFALTO

Navegando a bordo de naves con ruedas,
en aquel mar de asfalto y cemento.

Piratas son el augurio de la destrucción,
en sus manos: la espada de plomo
y sobre sus hombros;
la miseria de su infraconciencia,
haciendo creer que son héroes admirados,
por sus prisioneros
y víctimas abatidas.

Piratas de asfalto:
Revolución de emociones infames,
intentando tomar el control de esa vida,
que desde el fondo de sus acciones,
destruye el sacrificio y la esperanza de todos,
para saciar la ambición de algunos.

Piratas de asfalto y concreto,
moribundos en la Revolución de sus Miserias,
hoy tan solo son, el augurio
del final de sus días.

SUEÑO Y DESPERTAR

Sueños de miseria, y despertar para el desengaño
augurio de un camino desierto,
perdido más allá
de la vida que se siente, imposible de recuperar;
pero con fe,
hoy se creé, en lo posible;
desde las temporales imposibilidades.

Maltrecho el tiempo,
de un espacio con remiendos,
como la túnica de un rey,
hoy convertido en mendigo:
dentro de las mismas ideas
desgastadas por sus luchas;
de aquellas luchas aparentemente inciertas...

Interminable el sufrimiento de esas miradas,
cargadas de impotencia,
acompañando la esperanza, que se negó a morir,
para ser el karma del verdugo.

"Y el camino a la redención de la virtud".

BASTARDO

¡Bastardo el tiempo! Que hoy es huérfano de sí mismo.
¡Bastardo el segundo! Que se perdió en ese último minuto.
¡Bastardo! Aquel minuto, que estuvo ausente
a última hora...

¡Bastardo!

El hijo de nadie, cuando en el fondo, creyó ser
el padre de todos,
aún, siendo huérfano de su propia conciencia.

¡Bastardo!

Te dicen, pero tú, lo niegas a morir,
sabiendo que eres:
un bastardo Ser, olvidado por su padre:
el tiempo que se fue...

TRIUNFOS MALTRECHOS

Exitoso eres, triunfador, compitiendo sin adversario,
boxeador sin contrincante,
jinete sin caballo...

Maltrecho el triunfo fingido
a la sombra del engaño que ni tu Ser:

¡Creyó!

Harapienta tu gloria,
remendada y ultrajada,
por tu falsa voluntad y cobardía.

Tus glorias decoradas en desgracia,
hoy son tu gracia: payaso sin risa.
Corres de prisa, para disfrazar el engaño
de tus verdaderas mentiras.

Hoy, acumulas en una revolución
tu miserable existencia.

TRAGO AMARGO

En los labios, y en cada palabra
se puede saborear el metal,
el asqueroso sabor de la sangre.

TRAGO rojo.
Amargo TRAGO.

Desagradable como la hiel,
impertinente como el sabor
que permanece en los labios.

Trago que por ser amargo y despreciable,
duró...

Trago que por ser malo
e inútil;
hoy arrojaré a la nada,
para que se pierda entre la inútil tierra
donde la vida,
se niega a vivir
y las flores,
se niegan a crecer.

PRESERVADO

Seco, en tu piel y tus carnes
y desde lo más profundo de tus huesos.

¡SECO!

Como momia...
Cubierto por innumerables vendas,
que hoy, son velo de la desgracia
revolucionada
en la miseria de tu Ser...

¡SECO!

Desde tu alma perdida.
Seco y perdido en el paraíso de las almas
quemadas en el azufre
de tu propio infierno...

¡SECO!

Como tus deseos y tu obra,
que hoy también:
Se Secó...

¡SECO!

Para desvanecerse en el tiempo,
castigado por el olvido.

DULCE DESTRUCCIÓN

Dulce, así es la muerte,
para quien es ignorante de su propia existencia;
ese Ser, de luces y sombras
que se esconden entre el deseo
y la mirada inconsciente.

Vida prisionera del instinto.
Supremacía de la supervivencia animal,
oculta en la vida que se pierde
sin la sabiduría...

Dulce destrucción, es lo que inspira
tu alma desvanecida, en las acciones animalescas
que hoy,
se pierden en el instinto que te negó:
la verdadera vida, más allá
de tu propia existencia.

INICIANDO EL FINAL

Días malgastados,
que parecen anunciar el final.
Para muchos,
tan solo son: la imagen de ese comienzo;
el reinicio de la vida,
tras la resurrección
de los sueños aparentemente perdidos.
Inicio o final: "vida o muerte".

Mirada perdida en el horizonte
y entre la nada,
las oscilaciones del destino:
secreto, más no incierto.
Destino que anuncia,
el despertar entre las sombras
y revive el fervor
que nos hace continuar.

¡DE NUEVO!
Y caminamos...

Al inicio y final de lo que fue...
Con la esperanza latente
de ser...

365

Un primero de enero comenzó,
para encontrar el final
al inicio de su vida;
en una oportunidad renovada.

Con anhelados sueños
por concluir,
pero también, con obstáculos
por superar.

Cada día transcurrido,
marca un número,
que culmina en trecientos sesenta y cinco
experiencias.

Trecientos sesenta y cinco deseos
y oportunidades para seguir adelante,
en trecientos sesenta y cinco días,
que siempre se repetirán
a partir del inicio marcado;
por la suprema unidad.

DESDE MIS PROPIAS HUELLAS

Confío en las huellas de aquellos pasos,
que firmemente marqué;
en el andar de los sueños alcanzados
y por alcanzar.

Aún, navegando en ese mar, oscuro y tenebroso
de lo imposible:

¡Creo!
¡Por Dios!
¡Por mí!

Soy el navegante que siempre descubre,
ese nuevo mundo
del éxito,
oculto en aquel mar, rodeado de piratas
y tiburones;
que amenazan
con devorar mis sueños...

Soy vencedor de aquel combate
que, por conciencia
siempre evité, para poder vencer...
Y en el camino encontré las huellas
que hoy, he decidido seguir...

A LA SOMBRA DEL DESTINO

Allí, me encontré
quizás perdido,
preso en el tiempo
que se agotó,
aún sin yo saber:
que las huellas del pasado,
me iluminarían el camino al futuro.

¡PRESENTE!

El dolor templado como el acero.
Un grito
sentenciado al silencio,
pero inmortal
ante la esperanza
que se negó a morir.

Sentenciado a la vida
más allá, de esta, y otras muertes
olvidado en el recuerdo,
pero recordado en la fuerza de aquella voz.

Que siempre se niega a callar...

SABIA INDIGENCIA

Con gran sapiencia,
el sabio indigente
caminó, y lo hizo para enseñarte;
caminó, para demostrar su sabiduría,
caminó, incansablemente hasta tu final,
más no el suyo...

El careció de lo que te sobraba,
y nunca necesitó;
humilde en cada uno de sus pasos
te enseñó, que solo
quisiste tener aquellas cosas,
porque en su pobreza, te mostró que él,
tenía todo lo que para ti
era imposible...

Fue feliz,
aún, caminando entre las sombras
del tenebroso valle de la infelicidad.

ARDIENTE CIRCO DE ALMAS DESGRACIADAS

Ardiendo entre sus propios pecados,
fallece gritando.
Suplicaba: ¡Piedad!
Entre los ensordecedores gritos de la muerte
que le acechaba...
Rodeado de almas desgraciadas y negras,
incapaces de mirar:
más allá, de sus propias miserias;
cae el ladrón, ajusticiado por el asesino.

¡Juzgado por injuzgables!

Cae al abismo de la muerte, entre las risas...
Niños y niñas,
ven arder el cuerpo del ladrón
quemándose en el infierno de la vida;
ardiente circo de sádicos:

¡Pervertidos!

Que hacen arder las carnes del pecador,
sin saber que sus pecados propios,
son más viles e infames
que el delito castigado...
Ardiente circo de almas desgraciadas
derraman sangre de justicia, sin derechos,
haciendo florecer un derecho impulsivo
sin justicia.

ADOPTADOS POR EL ODIO

Infames perdidos entre la crueldad,
bastardos, adoptados por la Ira.
Seres relegados en el infierno de su infierno,
castigados a vivir
esa miseria que alguna vez, creyeron vida.

Hijos de la nada, perdida en el presente cruel
de la Ira derramada.
Seres sumergidos en la muerte de su muerte;
Humanos sin Humanidad, carentes de conciencia,
viviendo a las sombras
de su destrucción; seres sin Ser.

¡Marginados!
Dentro de las miserias
de su alma.

Almas rasgadas, arañadas y destruidas, por sus propias
vidas mal vividas
en el infierno de su acción.

Adoptados por la Ira, con deseos insaciables de dolor,
sangre y miserias, cosechadas por el karma.

Seres atormentados por ser:

Los adoptados del odio.

CIUDAD DE SANGRE

Al calor de la violencia, se riegan tus calles
como caudalosos ríos de muerte;
Infierno consumado por el Karma,
Karma que nos enseña a ver, un ejemplo de no ser.
Ciudad convertida en infierno,
paraíso de tinieblas,
que a cada instante, le rinde culto a la fatalidad.

Infierno ardiente, ciudad de muertos vivos
en carne sin espíritu.

De vivos muertos, en fe...

¡De humanos viviendo en el instinto!

Ciudad de Ira, convertida en fuego infernal,
Para robarle la existencia
a la virtud.

Un paraíso de odio, para comprender con el alma:
la imperiosa necesidad del Amor,
más allá de la Ira...

SENTIMIENTO INCOMPRENDIDO

Feliz destierro de la vida
que ilumina un camino diferente.

Caminando entre la gente; los sueños
parecen desvanecerse, para alumbrar el nacimiento
de una nueva felicidad;
oculta en los rincones
del alma que se niega a perder la esperanza,
más que por fe:

¡POR CONVICCIÓN!

A pesar del aroma de muerte sonriéndole,
a esa vida marcada, por las duras pruebas.

La libertad del alma:

¡Ha encontrado su camino!

No vivo para los muertos, ni para los vivos
que hoy, desconocen que lo están...

Vivo para la vida, en la supremacía de una existencia
inmortal.

SANGRE NEGRA

De tus venas surcadas, por aquel catéter de hierro
brota la Negra Sangre,
que alimenta la vida, pero también:
¡la muerte!

Drenajes incontrolables a tus venas,
desangran algo más que tu cuerpo de Mujer Bella;
hoy, descuidada y destruida por vampiros,
que de tu Negra Sangre, viven para saciar su Poder...

¡Mujer Tricolor! Desangrada, débil y hambrienta;
con el corazón roto, y sus venas...

Abiertas para alimentar: ¡Alimañas y Dragones!

Venas de acaudalada sangre oscura y viscosa,
siempre negra, hoy derramada,
para la miseria de tus hijos...

Sangre Negra, esparcida en pozos, para todos,
menos para ti.

Venas abiertas, para tu desgracia y destrucción;
Venas que gritan: ¡Ya no más!

Negra Sangre que se derrama,
exigiendo su derecho a ser libre, algun día.

PATIO TRASERO

Con ilusiones pintadas de excusas
te hicieron creer que tu casa.
Era un patio trasero, cubierto de estrellas y barras...

Te dijeron que viviste, solo para tener
sueños prestados, tras un oculto deseo de libertad.

Te cambiaron el hogar,
por un deteriorado y deprimente patio,
colmado de miserias; luciendo frases rebuscadas,
para disfrazar, ¡tu esclavitud!

Sumaron una estrella más, a tu desierto,
para evitar que en él, pudiera salir el Sol.

Cambiaron el sentido, y dirección de tu vida
a voluntad, de quien se autoproclamo: tu Amo,
Señor y Dueño, para siempre...

Te pintaron deseos falsos en un rostro,
de sonrisas fingidas, solo para negarte que hoy,
vives en el patio trasero
de un mendigo
¡miserable!

PUEBLO MISERABLE

Pueblo carente
de humildad y valor,
de sueños y esperanzas vivas;
que hoy, parecen despertar de su letargo
aparentemente infinito...

¡PERO!

¡Miserable como siempre!
Distorsionando su misión... ¡Nada vale! ¡Nada es todo!
Pero YO... Siento que soy,
todo entre la nada,
la nada, es el todo, de cada gloria,
y también
de las miserias.

Entre migajas, se revuelcan,
y se hunden en el fango de sus indecisiones,
¿y esperan de mí, un milagro imposible?

Se encadenan a su propia destrucción,
pero, ¿me piden, un perdón sin reflexión?, y sus palabras:
se mueren en mi esperanza
de verlos reaccionar,
más allá de sus propias dudas.

TROZOS DE UN PAÍS

Un país aparentemente indivisible,
hoy tan solo es, el reflejo de lo increíblemente incierto;
grandes grietas, recorren su cuerpo de llanos,
montañas, desiertos y costas...

¡Fracturas morales, retuercen sentimientos!

Y su espíritu, aquejado por el dolor
solo grita,
y se desgarra en el incesante sufrimiento.

Un país, se desmorona entre los llantos de sus hijos
que sufren humillados
en el silencio impuesto por la crueldad.

Hijos de un país hecho pedazos;
herederos de una patria dividida
en migajas vencidas,
que solo despiertan el hambre
y la miseria.

Gritos de dolor y tristeza en sus calles,
expresiones de cólera e Ira indignante.
Sueños perdidos en realidades
y un pueblo, que poco a poco:
deja de ser lo que fue...

Trozos de un país que anhela,
ser nuevamente indivisible, como alguna vez, lo fue...

MENDRUGO DE GLORIA

¡Mendigo!
Serpiente venenosa e indigna de ser,
lo que pretendes parecer, desde tu máscara social...
¡Glorificás la limosna!
Das tu vida, tus sueños, tu ser y tu alma.
Hasta entregas el honor
por un mendrugo,
viejo y duro...

Miseria traes en el alma, más que en tus bolcillos rotos...
La dignidad, corre despavorida al verte
y ni en mis pesadillas,
te soñé.
Soy preso de tu ignorancia.

¡TAL VEZ!
Eso piensas, y sientes que soy tu verdugo: ¡PERO NO!
Soy alguien, que ayúdarte, intentó.

¡Mendigo!
A tus miserias vestidas de gloria...

¡HOMBRE LIBRE!
A defender el honor, donde la pobreza,
no te puede robar la dignidad.

DESESPERO

Al límite de la vida, y el honor
la dignidad, se marchó.

¡Desespero!

Sentimiento irracional que conduce tus deseos
insatisfechos, al mar de lágrimas muertas...

¡Desespero!

En las calles y negocios que yacen ante la ruina;
mientras la gente: corre, corre y corre...

¡Desesperada! ¡Angustiada! ¡Asustada!

Un mar de vitrinas quebradas y vacías,
anuncia la ruina inminente de los sueños
perdidos entre la conmoción.

Puertas prósperas, que un día cerraron
ante la fatalidad
y el desastre liberado, en cada calle.

MAESTRO DECADENTE

¡Maestro!
Formador de la vida, luz de tus pupilos,
tu labor es educar, y tu misión
multiplicar el conocimiento.

Pero tú, no eres el Maestro ejemplar;
el que vale en oro,
desde su conocimiento y sabiduría.

Eres el decadente ejemplo de no ser...
El que su moral vendió;
tu ética, fue ultrajada por tus propios vicios,
y en tu ser, la existencia material
de tu misión, se desvanece.

Perdido en el alcohol
asesinas los principios
y hoy...

En tu infierno te revuelcas, con tus propios demonios
y con aliento populista,
denigras el hacer, de lo que pudo ser tu gloria.

DEMONIOS DE REVOLUCIÓN

Demonios revueltos en su infierno
oscura vida denigrante.
Así es tu promesa, infiel para quienes creyeron
en ti...

Traidora para todos, los que te sienten,
tal como eres.

Demonios crueles,
hijos de la suprema escoria de la muerte;
desgracia inminente, pero superable con el tiempo;
indecentes, sucios y grotescos...

En cada gesto de arrogancia,
de prepotencia convertida en agitación.

¿Revolución? O suprema decepción al descubrir
tu verdad...

La desgracia en cada letra de tu nombre,
se retuerce, y se da baños de sangre
con el *Supremo Esperpento*
de tu indeseada existencia.

LEGITIMO ASESINO

Legitimado por grupos, el crimen
no deja de ser, el delito que es...

Legitimado, el asesino.
Legitimado, el ladrón.

Legítimo, el crimen cometido por el autor;
culpable el autor, por ser el autor, más no,
por su hecho.

¡Vamos en su contra!
Porque es él,
nunca, por lo que hizo.

Si él, es nuestro autor, su crimen es ley...

Ley de matar, con derecho legítimo
derecho de imponer una justicia,
promiscua y marchita,
para legitimar las desigualdades
del poder
de la complicidad.

PASOS CONTRA EL PROGRESO

Pasos de gigante,
fracaso a las puertas.
Realidades deprimentes;
próximas a un futuro incierto,
cruel espera,
nada dulce.
Tempranas decepciones,
sin madurar;
fruto podrido
que corrompe el futuro
a las puertas de la soledad.

¿Futuro? ¡LA GRAN MENTIRA!

Fracaso marcado
en miserias malsanas;
arrogantes, prepotentes y sin dignidades típicas
de hombres libres.
Heridas marcadas en piel,
enfermas de odio
e intereses mezquinos.
Dañinos los pasos
al futuro que conduce
al antiprogreso
que hoy solo corre
a la sombra de su atraso...

ESCORIA

Escoria, presidiendo la miseria,
desbordada en el gobernar de cobardeS
Corrupta en tus sentidos más profundos
con tu mirada indolente, en mi paraísO
Revolucionaste el odio, tan solo por apartar
la intelectualidad; nada bueno, salió de tI
Aléjate para siempre... ¡Por la felicidad de todos!

HUMILDAD VANIDOSA

Tristes quienes en falsas glorias,
viven fracasados;
en el intento de ser,
algo más...

Aún, tienen vanidad...

Tener es glorioso
y carecer también lo será...
No hay peor orgullo
que presumir de lo que en el fondo, no se tiene...

Humilde es saber cuánto vale,
lo que se necesita
y trabajar para alcanzarlo...

No hay jefes, sin subordinados, ni seguidores
sin líderes.

Ser jefe no es prueba de razón,
y ser subordinado, tampoco lo es,
si no eres jefe de ti mismo.

No faltes a ti,
para dar a otros.
No quites a los demás,
todo lo que tienen, aún sin saberlo...

SOBERBIA

Razón sin argumentos, por la fuerza...
Odio en cada palabra impetuosa,
que se abre camino ante las sombras
de aquel futuro
que vemos perderse entre tus manos.

¡ARROGANTE! ¡PREPOTENTE!

Guardas tu maldición de principio a fin.

¡SOBERBIA!

Cruel y radical,
no aceptas que tu peor castigo,
es no saber, que ya lo perdiste todo...

Se devaluó tu esperanza,
y tu fe, hoy yace bajo tus propios pies.

Aún, manifiestas con fervor
enérgico e incesante,
tu odio perverso,
ese que, para siempre,
te hará ser, solo un prisionero más...

INTENTOS

Intentos de ser
y tolerar.
De encontrar en la realidad, la falsedad de los días,
perdidos en el tiempo
a la oscuridad de la nada.

Intentos vacíos,
un vicio para fracasados...

A veces un logro perdido,
en lo imposible...

Intentos, solo intentos...

¡Nada más!

Intentos: ¡el enemigo de la seguridad!
Un intento, una simple acción,
sin fe.

DE REGRESO A CASA

Regresas hoy a tu verdadero lugar de origen;
a tu casa, dulce hogar, solo para ti...

El infierno del que nunca has debido salir.

¡FUISTE EGOÍSTA!

Por no llevarte al resto de tus demonios contigo...
Junto a tu padre, el tirano del pueblo.

—El Demonio Infernal—.

De aquella isla perdida, en el paraíso de la miseria;
disfrutarás de la compañía maravillosa
de tu súbdito...
De aquel emisario de tu pobre imperio,
que intentó destruirnos...

¡QUÉMATE!

Para ver si el fuego purifica tu alma,
¡si es que alguna vez, la tuviste!

¡QUÉMENSE TODOS!

Pero no intenten regresar a la vida,
ni en el peor de los recuerdos...
Sin ustedes y sin sus miserables ideas,
la vida, es sencillamente perfecta...

ELIGE TU MENTIRA

Desde tus ideales ridículos,
te planteas elegir entre una opción y la misma;
copia de tu Maestro,
el ignorante de marca comprobada,
Dictador tan cobarde...
Quien tuvo que ocultarse, tras la imagen
de un gran elogiado por la plebe,
para no recorrer a media noche, calles extranjeras
en ropa de cama...

Elegir de Uno y para Uno...

Farsa tonta y visible para todos;
no necesita descubrirse...
Es tan publica como el terror
del cobarde que nunca supo
ocultar, su miedo al pueblo...

¡PATALEA! ¡Fuerte y con Ira!
Como un niño que perdió su dulce...

Destrózate en cuerpo y alma,
a la luz de tus derrotas,
evidentes al sol, que no tardará en salir
con este nuevo amanecer.

CAMINANDO SOBRE PASOS AJENOS

¡Caminante! ¡Caminante! ¡Oh Caminante!
Te fuiste a caminar sobre las huellas
de exiliados, perseguidos y luchadores,
siguiendo huellas, de espíritu libertario,
pero pisoteando la dignidad del camino
que con esfuerzo, han logrado reconstruir,
más allá de su suelo.

TE FUISTE...

Con discursos baratos, y sueños fingidos,
ocultando tu oscura sombra
de populismo mezquino y barato...

TE FUISTE...

Pero te niegas a renunciar
a los mezquinos ojos que hoy
sobre tu pecho,
te miran desde el infierno...
Exportando tus miserias,
mendigando esperanzas ajenas
con arrogantes sueños
disfrazados de humildad traicionera.

TE FUISTE...

Con la esperanza de ver
las ventanas rotas, que dejaste en tu propia casa
aquella que, en tus ideales, se retuerce
desde la miseria...

TE FUISTE...

Como se va lo bueno
y también lo malo;
para bien o para mal.

Te fuiste, sin irte de verdad;
a buscar la rectificación de tu alma.
Persiguiendo sueños aparentemente nobles.
Te fuiste, ofendiendo y llorando,
por quien más amaste
y aún amas,
desde lo más profundo de tu ignorancia.

TE FUISTE...

Pero lo peor, fue marcharte,
con la esperanza
de regresar nuevamente
a tu peor error...

HURACÁN DE SUEÑOS ROTOS

Desde las pasiones contundentes
se desata el sentimiento,
en ocasiones por fuerza,
en otras
por justicia.

Huracán

De pasiones y rebeldía,
de gallardía inminente y sueños
que consiguen su camino;
como el tiempo que se agotó.

Huracán

De justicia, de reclamos fuertes,
pero nobles,
de Ira, sin odio...

Y de razones que se hacen sentir
más allá de esta, y todas las muertes,
que hoy reviven a cada segundo
en un sublime viento de cambio...

INDESEABLE DESTINO

Sueños sin méritos
marcaron tu realidad,
logros abusivos consolidaron tu Ser,
en la mentira más egoísta de tus pobres días...

La miseria forjó tu alma, y modeló tu ego,
a las exigencias de tu propia arrogancia.
Cosechas:
el fruto que ayer, fue engendrado por tus acciones,
prisioneras de un sueño oscuro;
perdido en la ronca voz, de una noche
que desapareció con el pasado.

¡Triste! ¡Triste! Triste tu destino
como el camino triste,
que inició con la tristeza de cada uno
de tus días sonrientes,
pero tan falsos como la promesa,
que se pervirtió en cada una de tus palabras.

FRIO DE UNA FALSA PRIMAVERA

Primavera engalanada de flores
cálidas y sonrientes a la vida;
hoy secas de odio,
supurando sueños sucios y malolientes.

Perdida en el frio, que no se fue junto al Invierno;
del año que pasó, tan lejos de los sueños...

Primavera de aquel año, que se robó el Verano...

Estación desgastada por el Otoño,
que tampoco llegó.

Primavera que se fue:
al infierno, de un Invierno, ¡indefinido!

Primavera de flores cortadas
por el Tirano que mató tu alma...

Primavera: ¡vuelve a la vida! Para que este sucio
y Frio Invierno, simplemente desaparezca;
Desde hoy, en mis deseos, y para siempre...

Aunque tarde o temprano, tal vez, intente regresar.

ANTIPUEBLO

Lo escuché por primera vez, decir...
En aquel discurso de odio,
su verdad,
y la mentira de todos...

Enalteció sin escrúpulos
la Ira ignorante,
sentimiento animal
de seres sin razón
y razones
discriminadas...

Muerte, odio y divisiones entre hermanos
que ciegan un futuro,
sepultado entre las sombras
de una casa perdida.

La casa de los espantos,
ya no es de todos, es de su letal enemigo;
el miserable, que dejó de ser...
Para ser un pueblo, contra su antipueblo.

Ese antipueblo que tan solo piensa
en si mismo...
Para intentar ser libre, en su propio pueblo.

CORAZÓN SIN PATRIA

Cobarde corazón
de odioso sentimiento,
miserable en su sentir,
sin sentido...

Muerto en vida,
y perdido en aquella vida muerta.
¡Así quedó! Seco y sin sangre,
derrotado por el odio,
y las miserias de las cuales
no se despojó...

¡Corazón sin hogar!
¡Corazón sin alma!
¡Corazón sin patria!

Llora desde lo más profundo;
de ese corazón, que se te parte en Ira...

Llora y Llora, quizás para que hoy,
sientan lástima de ti.
Porque mañana, tus lágrimas serán
de sangre, y tu corazón de olvido...

VERSOS LIBERTARIOS

Frases cortas,
para un sentimiento inagotable...
Ideales de libertad, expresados en opresión,
para recordarte hoy,
que el miedo, se pierde...

Interminables ideas,
claman la fe de sus hombres,
más allá de cada barrote, que se interpone...

Vida en la muerte, para recordar
que la libertad, es ideal de todos,
y para todos; ¡hoy y siempre!

Libertad escrita con la sangre de una pluma
que se negó a morir...

Ideas plasmadas en el insaciable deseo
de arrancar la tiranía, más allá de las vidas,
y en mi propia vida sin miedos...

¡Versos Libres!
Sin rima, sin métrica,
y también, sin cadenas malditas...

¡Versos Libertarios!
En una poesía tan libre, como mi alma...

SOBREVIVIENTES

Seres benditos por la gracia de Dios.
Atrapados bajo el yugo, de aquella tiranía
que intenta,
y quita el Ser Interno, a la vida...

¡Benditos!

Vencedores del miedo y la crueldad,
luchadores que quedan,
en la vida o más allá de ella...

Los que aún están,
y aún, sin estar,
bendicen la vida misma,
más allá de los oscuros días...

Vidas enterradas en aquel desierto,
inhóspito,
salvajemente, cruel
y arrasador.

Hoy es la prueba de cuan fuertes son,
los que sobrevivieron,
y los que sin hacerlo,
son el referente que los acompaña.

EXTRAÑA TUMBA

Cuando la crueldad de blanco se pinta, no hay amor...

Y menos, amor fingido de palabras hipócritas.
Solo terror de heridas crueles, y helados matices
descoloridos, con el eco de aquel transitar
de locomotoras de fuego...

Del pensamiento que intenta jugar con tus ideas,
más allá de tus sentidos,
en la cruel y despiadada tortura,
que enloquece,
desde el miedo incesante.

Heridas negras, disfrazadas de blanco.
Tiranos crueles, disfrazados de santos,

Libertarios Reos,
solo en cuerpo;
libres de alma realmente suya...

Patria vejada, en paredes blancas,
negro destino;
encierra el malévolo circo
ignorado por muchos
que sin ser verdugos,
siempre serán culpables.

LABERINTO

Como laberinto oscuro,
Así se ve; el país que se fue.
Con su pasado de oro,
que parece haberse perdido en cada calle,
y en los estrechos pasillos.

En las venas
perdidas y circulantes,
donde no se encuentra la salida.

¡Laberinto!

En el que se pierde el futuro,
para no dejarte ver:
las huellas de tu Ser Interno.

¡Laberinto!

De oscuros y tenebrosos callejones,
de veredas escurridizas
y salidas escondidas,
a la luz de la conciencia.

Una vida que se pierde entre la confusión,
por no encontrar su retorno,
no es culpable, cuando la oportunidad de escapar:
dejó de estar en sus manos.

FICCIÓN O LIBERTAD

A veces no diferencio, entre la ficción y este mundo,
de verdades incongruentes y tristes.

En ocasiones no despierto del sueño,
ni me duermo,
para dejar de ver, lo inevitable...

En momentos, soy un loco más,
viviendo en la ficción;
otras un poeta despertando en libertad...

A veces no lloro, ni suelo reír,
otras no duermo, pero siempre sueño lo imposible...

Despierto y no distingo, entre ficción y libertad, ¡Dios!
No me enseñaste a ser libre sin sueños,
ni liberarme soñando...

Por eso es tan difícil comprender,
como soy libre, viviendo en la mentira
de esta realidad, de luces débiles
y melancólicas...

SOY PARA NUNCA DEJAR DE SER

Si soy, es por mí...
No espero ser la farsa junto a otros;
somos, me suena tan injusto
como regalar los méritos
o vender mis logros,
al primer aprovechado que aparezca.

Soy para no dejar
de ser, quien fui y seré...

Aprendí a ser, para no vivir a las sombras
de la memoria de alguien.

Soy: ¡SOLO!
Sin colectivizarme.

Solidario desde mi Ser...

Y siempre alejado de la mezquindad
de quienes mal,
desean estar juntos.

Sin saber convivir,
consigo mismo.

POESÍA DE LA MUERTE

Más allá del umbral,
que le separaba de la vida
se escucharon las palabras muertas.

Llenas de vida, pero tan muertas como lo que fue;
aún, sin llegar a ser...

Inspiradas en el sublime lenguaje poético,
de versos libres, pero muertos...

¡Con palabras contradictoriamente vivas!
¡Pero muertas en cada espacio del Alma!

Se hacían sentir,
en el florecer de la vida, al escapar del más allá,
aún, con el frio de sus palabras difuntas...

Fuera de lugar.
¡Fuera de este lugar tan vivo!

Era la oscura poesía de la muerte,
surcando el maravilloso sendero de la vida misma...

Sin abandonar el invierno, de sus desubicadas,
pero sabias palabras,
expresadas en cada instante,
idóneamente vivido.

NAZARENO

El día finalmente llegó...

Finalizó la cuaresma,
y hoy, vestido en aquella túnica,
esa que simboliza tantas cosas llenas de gloria,
aún, en el momento que prometía,
nublarse de muerte...

—Os digo que uno de vosotros me va a entregar—.
Dijo el Maestro, Mateo 26, 21.

Hoy, os digo yo,
más de uno de vosotros, nos ha entregado,
y lo siguen haciendo...

El Nazareno de DIOS.
Bendito a plenitud. ¡Nos salvó!

HOY: Nazareno, Nazareno...

Nazareno venezolano,
torturado, humillado, y con heridas sobre tu piel,
sobre tu piel de carnes
y sobre tus pieles de tela...

¡Eres Martil!

Más nunca víctima del tiempo.
No hay errores,
en aquel color de promesas vivas...

¡Nazareno!
Siempre sufriendo tus glorias;
y con tu historia marcando el futuro,
desgarrando sentimientos, que marcarán el fin...

¡Tan esperado final!

Nazareno de túnicas hoy rotas,
Desgarradas, por la tiranía y la miseria,
más que por el tiempo, que pasó sin advertir
lo que algún día, habría de llegar...

Nazareno, eres Camino y Maestro de ti mismo.
Ahora el camino,
ha quedado, en este oscuro valle de muerte,
y de sombras atrincheradas,
en la desidia...

Hoy, hacen feria en tu nombre,
no sé, si conmemoran o celebran...
Pastores dicen seguir
las huellas de tus pasos,
pero solo siguen, tus huellas muertas...

Nazareno dicen que vendrás,
no sé, porque lo hacen,
si nunca te fuiste...

¡Nazareno!
De ayer, de hoy o del mañana,
no sé, si preguntarte o decirte:
tus pasos vivos,
son libres,
más allá de las doctrinas...

No son presa fácil
de tiranos con piel de ovejas...

¡Ay Nazareno! Si supieras...

Que en tu nombre, la falsedad es estandarte,
y en la blasfemia del dolido,
aún hay fe;
fe cubierta en sus ropajes rasgados por la miseria...

¡Nazareno! ¡Nazareno! ¡Nazareno!

No te des la vuelta,
para marcharte,
pero tampoco vuelvas,
para ser consigna de oportunistas...

¡Nazareno! ¡Nazareno!

Ven y te cuento;
que hoy los sabios son mendigos
y los mendigos,
unos simples miserables
que imitan a la realeza...

Nazareno de DIOS en tu cielo,
y Nazarenos en toda la tierra,
y de todas las tierras...

Libremos el camino de la muerte:
¡RESUCITANDO HECHOS!
Más allá de cualquier palabra.

CARTA AL COBARDE

—Muy Buenos Días tenga usted, Señor Dictador
de la mesa servida en el infierno.

¡COBARDE!

Inmoral y Tirano como siempre...
Aterrado y desquiciado como nunca.

No intento ofenderle,
con una verdad,
prisionera entre un par de labios imprudentes.

Disculpe usted, me retracto;
es usted genial,
no me había percatado...

—SOY YO—.

Y todos estos...

Que ya sentimos los pasos,
pisando nuestras huellas,
como victimas del acecho...

¡UBICATE!
Es el clamor que tiembla en cada una de mis palabras locas.

Respuesta que enardece,
sentimientos de Ira;
ideales indomables reclaman...

El acecho, incrementa,
intentas ser temido.
Con esa sombra de violencia y muerte,
que, a tu lado despliegas,
para infundir el miedo...

¡PERDÓN!
Excelentísimo señor de paz
No me torture...
No me mate...

¡Que algún día sentí que tenía derechos!

¡PERDON OTRA VEZ!
Soy un tonto su majestad.

—Ya se fueron...
Puedo salir, nuevamente sin miedo.

¡COBARDE! ¡COBARDE! ¡COBARDE!
Grita la gente...

¡Que silencio! ¡Todo en paz!
Que linda paz, se escuchó...
Explosiva y rápida como bala.

¡YO RECTIFICO!
—Son tan solo metáforas de un loco—.

Aun cuando dicen, que cada loco,
tiene su razón, y le falta miedo,
para dejar de luchar por ella.

A veces los locos,
terminan muertos
o privados de la luz del sol.

Pero la mesa está servida,
SEÑOR GLOTÓN.

El banquete de esta mesa
es todo suyo,
disfrute incluso del postre.

NO ES UNA INVITACIÓN.
A una comida familiar y placentera.
Es que a un cerdo hoy: ¡le espera su sábado!
Y no encuentro las palabras, para despedirle...

Atentamente: ¡todo aquel que dejó de tener miedo!

LA HORA DEL MAL

Tres veces tres, durante la madrugada,
tiempo siniestro, oculto a la sombra;
hoy muchos, se desvelan
trago en mano, vicios y azar.

Ira, codicia, ladrones de la noche
que se extravían en sus andanzas;
accidentes, que cruzan el umbral
de las puertas del infierno.

Tres y treinta y tres, en la oscuridad
hora del mal, oculta entre tinieblas,
desvela la muerte,
y peste, que desata perversión.

Hora que revoluciona
sectas y cultos,
muerte de animales
y lascivos instintos...

Demonios vestidos de blanco,
en instantes perversos,
asesinan el bien,
para maldecir, sus oscuros días.

EJEMPLO

Es la clave,
eres tú, ante la vida...
Tú, ante la verdad, ante todo.

Acción más allá de las palabras vacías;
la conciencia en la sutil práctica
de la realidad.

Eres, la sabiduría desconocida por el sabio
sin conocimiento.

Eres conocimiento incomprendido,
la verdad que vislumbra
a la luz de la mentira.

¡Ejemplo!

De ser, ante la existencia del cambio.

VIDA SIN EXISTIR

Lejana y distante, tan cerca de la nada...
con sentimientos muertos,
en su proceso de resurrección, corrompido y miserable...

Caminando como zombis,
en el laberinto de la desesperanza,
sin existencia, sin rastros de vida, del principio a los fines...

Vida sin ser, lo que es...

En el fondo de una existencia sin Ser,
murmullos de calamidad,
se hunden en cada recuerdo, de un ayer placentero,
que revive a cada segundo, un traicionero odio al presente...

Recuerdos encadenados a la sombra de un ayer
que irrumpe, en ese futuro incierto,
y malgastado en el instante...

Vida de engaños, moribunda entre sueños perdidos
en el valle de las sombras rojas y negras
que carcomen el alma, o algo así...

En cada ventana de esta prisión.

¡Hay tranquilidad!

Aún sin la luz de aquel astro, reflejada en los cristales
de las ventanas.

Cristales rotos,
se opacan de manera incesante,
salidas desgastadas,
se consumen con la misma fuerza de las luchas
aparentemente derribadas, pero renovadas en convicción...

Presente de una vida, sin la existencia de si...
Dentro de si misma...

Aferrandose al bien, en tierras del mal,
un ángel de luz, en aquella noche oscura,
se pierde en cada uno de sus infiernos; sin ser libre...

Tan libre como esa apariencia infértil de libertad,
que se mostraba a través de sus ojos.

Hoy, solo hay cansancio y serenidad,
navegando en los turbulentos mares de lo imposible,
para llegar: al paraíso de una verdad que se oculta;
más allá de lo que muestran sus cansados ojos.

Aun cuando alguien te diga: —vas a perderlo todo...

—Si nada pierdes, nada ganas—.

Si todo pierdes, lo que perdiste o nunca alcanzaste,
estará a la misma distancia y lo alcanzarás...

Vive en existencia,
más allá de esta vida desgastada...

Aquí y Ahora, vive, pero nunca, sin existir.

FUERZA INTERNA

A lo interno del corazón, ¡muy adentro!
Brota con la fuerza desenfrenada del río;
en cada rincón de tu alma,
el sentir de cambio
ante las adversidades.

Cambio para la vida, y la verdad
de tu Ser...

Fuerza sublime.

¡Impactante!

Pero sabia y sincera ante la vida,
que a veces te niegas
a ti mismo.

Bendita fuerza, soy parte de ti, y tú,
de mí...

Aunque a veces,
la distancia nos divide,
para que sea el destino, que nos una nuevamente.

CAMBIANDO REALIDADES

Verdades imborrables
deprimentes, pero ciertas.
Que parecen eternas;
a la sombra de la inconsciencia.

Palabras que se ríen, de la verdad de la vida.

¡Palabras sin sabiduría!

Hoy te muestran un camino sin senderos,
una palabra con letras sin sonidos
y una ventana, que se cerró ante el destino...

¡No temas!

La verdad es desconocida
más nunca incierta,
la decadencia y el dolor, allí están,
pero no son para ti...

Eres Ser...
De olvidar lo que el universo te mostró,
para no guardarlo...

En tu corazón, y desde tu corazón,
camina sin regalarle tu mirada al dolor...

DESPUÉS DE LA TRISTEZA

Después de la tristeza, te espera una sonrisa;
momentos de alegrías inagotables
que guían tus pasos,
al paraíso de la felicidad infinita.

Más allá de tu Karma,
la felicidad está allí,
a la sombra de tu Ser...

Después del dolor,
florece el sentimiento
y la esperanza.

Despierta y siente el maravilloso instante
que te induce a cambiar
los momentos más crudos de la vida
por la felicidad.

Después de la tristeza,
es donde verdaderamente comienza:
tu camino...

SENSATEZ

A la luz de la conciencia
que tuviste,
o dejaste de tener, navegan las decisiones
rumbo a tus manos...

Administras tu realidad, y los efectos de la misma:

¡pero!

Allí, está ella...

Señora de sabiduría y cordura
de razones con convicción,
pero sin arrebatos...

Reina cabalística de Biná
y esposa de Jojmá, sabio representante
de mi Ser.

Eres argumento,
para entender la verdad
más allá de lo posible.

PAÍS, KARMA Y REALIDAD

Extraña patria, hoy sometida y esclavizada
sufriendo en tormentos
a flor de piel,
su Karma...

En la realidad, eres mucho más que hambre
y miseria recorriendo tus calles
alejándose de la esperanza,
que necesitamos recuperar para vencer.

Hoy, como extranjero de ti, viviendo en lo que eres,
respondo a mi Ser, con anhelos,
con sueños pendientes por realizar,
pero nunca rotos...

Con el espíritu en alto,
albergo mi fe, en momentos depositados a plazo fijo;
con intereses postergados en el tiempo...

¡Esperanza convertida en convicción!

Hoy, relegado por el mal,
soy exiliado sin viajar, y sin salir de mi morada;
soy recompensado por mi fe,
en la prisión del Karma
de la patria, que deja de ser a cada paso,
lo que alguna vez:

Intentó ser, para no llegar...

Hoy vivo a cada instante, la realidad de la vida,
sin esclavizarme a los deseos
de las fuerzas que me quieren convertir,
en un Ser de instintos, sin razones...

Prisionero por los hechos, y libre en cada pensamiento
conducente a la felicidad metafísica.
Verdadera, más allá de las miserias,
de lo material.

Felicidad que me hace sonreír a la vida,
en la adversidad y crueldad
que rodea mi verdad,
para enseñar que el mundo:
no es lo que se ve, sino lo que se desea...

Hoy como extranjero de todo,
incluso de mi...

Respondo a la vida,
mía y de otros:

La esperanza, no está en la realidad,
que nos marca desde el dolor,
sino en la sabiduría de vivir,
cada uno de sus instantes,
para trazar el camino
a la libertad del alma.

Soy muchas cosas,
durante cada día,
cada noche
y cada amanecer.

En ocasiones soy extranjero,
aún, sin salir de la patria
que aparentemente perdí...

Otras, un exiliado escapando,
de la persecución, a causa de sus ideas.

A veces, soy prisionero de aquellas guerras,
en las que no participé.

¡Pero nunca!
Víctima o victimario de lo que digo...

A la sombra de las verdades
que intentan consumir mi alma,
y lo bueno que hay dentro de ella,
se encuentra un Ser,
que siempre cuidaré.

Aquí estoy, en carne y corazón,
viviendo la vida maravillosa
que el universo por ley,
me dió...

Extranjero, exiliado, perseguido o prisionero, pero nunca
víctima, ni victimario...

La razón y convicción, me absuelven del crimen
que nunca cometí;
aunque todos y cuantos, en sus miserias,
intenten juzgarme...

¡Y lo deseen!

La sentencia más sublime que respeto,
es la voz de mi conciencia,
sin límites...

Respeto la verdad y la digo,
incluso más allá, de mis propias palabras;
para trascender a mis escritos.

Mis palabras son ley,
algunas veces:
para criticar la realidad,
otras, para sembrar la esperanza,
pero siempre
son sinceras para mí.

Aun cuando terceros, las desconozcan...

A lo interno: ¡vivo libre!
Para sentir y disfrutar mi libertad,
y aunque el mundo no lo entienda:

Yo lo sé...

Soy escritor de mis ideas, para el mundo,
vivo en mi mundo,
y para mi propio mundo...

No vendo ideas bonitas
de realidades tristes.

Ni deseo publicar,
un Best Seller del engaño a la literatura...

Si aún me quedan palabras,
las dedicaré: a quienes no quieran leerlas
sino sentirlas con el alma.

Para trascender la interpretación
del corazón, y sus propios miedos.

Tengo un camino trazado
con destino al cielo,
pero antes, debo transitar el sendero de este infierno,
y comprender que la vida,
solo es maravillosa, si se consigue superar
el dolor de las realidades, que nos impiden conocerla
desde lo natural.

Nací, en un paraíso y viví mis mejores años,
para cultivar en él,
el valor y la fuerza que necesitaré,
para superar, este oscuro presente.

Hoy, recorro los límites
que hacen frontera con el infierno,
para endurecer mi voluntad
y no doblegar mi fe y convicción.

Vivo la realidad de mi vida
en cada uno de mis días,
para ser feliz.

Comprendiendo que, en los momentos más fuertes,
existe una vida, que siempre encontrará su camino;
en esta, y todas sus existencias.

DOLOR EN VERSOS LIBRES

Hoy, desde mi tierra desvanecida,
miro con dolor la realidad inestable, prisionera y cruel.

Una realidad que se detiene en el tiempo,
con toda su desgracia marchita, a la luz, del aquí sin ahora.

Dolor en versos libres, pero sin libertad...

Versos para la muerte, desde la vida.
Versos hambrientos, hurgando en la basura.
Versos abatidos, en cada calle.
Versos en tiranía, buscando libertad...
Versos libres con valentía: ¡más allá de la opresión!
Versos libres y libertarios en el ahora...

Versos que en el dolor, florecen desde cada palabra,
Y en cada palabra...

Y, sobre todo: Para cada palabra.

Versos de dolor, que relatan la angustia de todos;
aún de quienes, sin voz, gritan con el corazón...

No son versos comunes, ni cotidianos,
y mucho menos, cobardes o serviles...

¡Versos libres! En el dolor que florece desde el alma...
Y para el alma...

Hoy en la mirada, no sé si valiente o impulsiva,
veo el dolor que se grita, desde cada uno de mis versos...

Aquí solo hay versos, en medio del dolor
que parece infinito, insostenible e incalculable.

Versos de paz, en plena lucha por una libertad consumida...

Mis versos, son y serán libres en contenido y sentimiento,
porque gritan sin miedo, hasta el final...

No temo a tiranía alguna, porque las palabras sinceras,
son más fuertes que la opresión.

No puedo perder, lo que nunca tuve,
ni ganar, lo que no me pertenece,
y mis versos, sinceramente lo saben...

No ruego por miserias, ni mis palabras se hincan
ante migajas...

Solo hay dolor en mi pecho...

Dolor que exhala en cada palabra,
convertida en una fuerte frase...

Mis versos muestran una verdad, prisionera del dolor,
pero rebelde en convicción.

¡Quiero gritar! Aun cuando a cada minuto,
mi tierra poco a poco, pierde su voz,
y mis hermanos sus sueños.

Quiero ser libre como mis versos,
más allá del tiempo, que se congeló en la miseria.

Más allá de esta vida, desposeída de todo
y colmada de nada.

Quiero una casa alegre, donde el trabajo y el bien,
marquen los sueños con voluntad.
Sin mendrugos cayendo a mi alrededor...

Quiero que mi gran casa, esa donde todos cabíamos,
Más allá de las diferencias o colores,
Vuelva a ser de todos.

¡Y no del extraño!

Que ni su sangre, brotó de la tierra,
que con dolor: ¡Nos ha parido a todos!

Tierra bendita, hoy marchita y moribunda...
Presa del dolor:
dolor ajeno, y dolor propio,
en mis versos y de otros...

Hoy te abres camino a la libertad.
más allá de la nada, que atormenta tu presente.

Dolor, dolor, dolor...
En versos libres.

Dolor de antes, que se agotó...
Dolor del presente, que destroza...
Dolor de un mañana, que se niega a llegar,
como si la vida, se hubiese congelado en el tiempo,
en la expresión de cada una de las miserias liberadas...

Dolor en versos libres...

Aún, esperando su libertad, en la oscura mazmorra,
que la inconsciencia pueblerina, le regaló con indolencia...

Dolor marcado en la piel de los castigados,
por los azotes de un amo cruel y egoísta...

Dolor de la indolencia y la miseria que recorre,
esas venas de concreto:
cada mañana, cada tarde y cada noche...

Dolor vacío, en cada estomago retorcido,
que deambula en las oscuras calles,
sin encontrar: lo que un día fue...

Dolor en versos libres...

En las ideas que son libres: ¡más allá de la palabra!
y lamentablemente, cercanas a la realidad.

Dolor en versos libres...

De aquel niño que llora sin una gota de leche,
y de la madre que llora sin hijo...

Dolor del mendigo y del que no lo era,
en disputas de basurero...

Dolor en camas de hospital, y fuera de ellas...
¡Esperando su turno!

Dolor en las miradas sabias,
de aquellos humildes dueños de los años.
¡Esperando la hora!
En compañía de su agonía...

Dolor en cada espacio de la vida y fuera de ella,
dolor en cada segundo de los días:
es el dolor de una cruel dictadura...

Dolor, dolor, y aún, más dolor...

Se libera desde la profundidad de las penas,
mías y de otros,
tuyas y de todos...

Dolor en versos libres...
Se marchita en la agonía eterna,
de una muerte aletargada.

Dolor prisionero que ha dejado cicatrices,
y marcas en la piel de esta tierra.

Dolor...
Que retuerces, la fe de los devotos.
Que carcomes, el alma de los oprimidos.

Hoy en cada palabra, y cada frase...
Digo al mundo sin miedos, que en esta tierra
solo habita:

¡El dolor en versos libres!

Clamando al mañana:

Justicia - Libertad - Sabiduría.
¡Que la paz sea con todos!

DESDE SIEMPRE Y PARA SIEMPRE:

—*Libertad o Nada*—.

ÍNDICE

CONTENIDOS   *Pág.*

POEMAS

www.ingramcontent.com/pod-product-compliance
Lightning Source LLC
Chambersburg PA
CBHW060518030426
42337CB00015B/1931